w_orten
& meer

Robin Wall Kimmerer: Die Grammatik der Lebendigkeit. Zwei Essays
Aus dem US-amerikanischen Englisch von Alakati Neidhardt

Der Essay »Die Grammatik der Lebendigkeit« erschien zuerst unter dem Titel »Speaking of Nature« und wurde in der Ausgabe März/April 2017 des Orion Magazins veröffentlicht. https://orionmagazine.org/

Der Essay »Dankbarkeit« wurde unter dem Titel »Returning the Gift« vom *Center for Humans and Nature* (Zentrum für Mensch und Natur) als Teil der Serie: *Questions for a Resilient Future* (Fragen an eine resiliente Zukunft) publiziert und mit freundlicher Genehmigung hier übersetzt und abgedruckt. https://www.humansandnature.org/what-does-earth-ask-of-us
Die Organisation lädt dazu ein, weitere Antworten auf diese Fragen auf ihrer Homepage zu lesen und dort eigene Ideen und Kommentare zu teilen: www.humansandnature.org

ISBN 978-3-945644-22-5

Übersetzung: Alakati Neidhardt – alakati.de
Satz: Beate Zimmermanns – buerofuergedrucktes.de
Umschlaggestaltung: bureau zanko – zankoloreck.de
Coverbild: Chris Bennett – chrisbenn.com
Druck: Oktoberdruck GmbH, Grenzgrabenstr. 4, 13053 Berlin

w_orten & meer GmbH
Verlag für verbindendes diskriminierungskritisches Handeln
Süderende 86, 18565 Insel Hiddensee
Email: kontakt@wortenundmeer.net
www.wortenundmeer.net

Robin Wall Kimmerer

Die Grammatik der Lebendigkeit

Zwei Essays

Aus dem US-amerikanischen Englisch
von Alakati Neidhardt

w_orten
& meer

RECYCLED
Papier aus Recyclingmaterial
FSC® C105965
www.fsc.org

Dieser Band wurde umweltfreundlich gedruckt:

- auf 100 % Recyclingpapier FSC-zertifiziert mit dem Blauen Engel
- mit mineralölfreien Druckfarben ohne Isopropanol
- ohne Folie kaschiertes Cover
- uneingeschweißt

Umfassende Nachhaltigkeit in Bezug auf natürliche Ressourcen und soziales Miteinander ist Verlagskonzept: Strom und Gas für das Büro beziehen wir über Green Planet Energy, wir reparieren, statt neu zu kaufen, unser Bürobedarf ist ökologisch, und wir versuchen alle Arbeitsprozesse möglichst fair zu gestalten. Wir setzen uns ein für ein wertschätzendes und ressourcenschonendes Sein in Welt.

INHALT

Dankbarkeit

Jeden Tag beschenkt uns die Erde mit ihren Gaben. Gaben, die wir weder verdient haben, noch bezahlt: Luft zum Atmen, nährender Regen, fruchtbare Böden, Beeren und Honigbienen, der Baum aus dem dieses Papier entstanden ist, ein Sack voll Reis und die lebendige Fülle eines Feldes von Goldrauten und Astern in voller Blüte.

Obwohl die Erde uns mit allem was wir brauchen versorgt, haben wir eine konsumorientierte Wirtschaft geschaffen, die fragt: »Wie können wir diese Erde noch ausnehmen?« und selten: »Was möchte die Erde von uns dafür zurückbekommen?«

Die Vorstellung, die Erde möchte etwas von mir – von mir! – zurückerhalten, lässt mein Herz höher schlagen. Ich erfreue mich an der darin enthaltenen Anerkennung der Beseeltheit der Erde, dass der lebendige Planet die Fähigkeit besitzt, etwas von uns zu erbitten, und dass wir die Fähigkeit besitzen, darauf zu antworten. Wir empfangen nicht passiv ihre Gaben, wir nehmen aktiv an ihrem Wohlbefinden teil. Ihre Bitte ehrt uns. Sie lässt uns wissen, dass wir dazugehören.

Einen Großteil unserer Zeit auf der Erde – vor der großen Verblendung – lebten wir Menschen in Kulturen, die das Prinzip der Gegenseitigkeit verstanden hatten: Damit die Erde im Gleichgewicht bleibt, damit die Gaben weiter fließen können, müssen wir für das, was wir nehmen, in gleichem Maße zurückgeben.

In den Lehren meiner Potawatomi-Vorfahren gehen Verantwortlichkeit und Gabe Hand in Hand. Eine Gabe zu besitzen, ist gekoppelt an die Aufgabe, diese für das Wohl aller einzusetzen. Eine Drossel besitzt die Gabe des Singens – und so hat sie die Verantwortung, den Tag mit Musik zu begrüßen. Lachs besitzt die Gabe zu reisen, und so akzeptiert er die Aufgabe, Nahrung flussaufwärts zu bringen. Wenn wir uns also fragen, was unsere Verantwortung gegenüber der Erde ist, fragen wir gleichzeitig: »Was ist unsere Gabe?«

Als menschliche Spezies, die sich erst vor Kurzem auf diesem Planeten entwickelt hat, fehlen uns die Gaben der uns begleitenden Arten, wie die der Stickstofffixierung, der Bestäubung und der 5000-Kilometer-Wanderungen unter magnetischer Führung. Wir sind nicht einmal der Fotosynthese fähig. Aber wir haben unsere eigenen Gaben, Gaben, die die Erde dringend braucht. Eine der mächtigsten dieser Gaben ist die Dankbarkeit.

Dankbarkeit mag wie ein schwaches Kraut wirken im Verhältnis zu den drängenden Herausforderungen, die vor uns liegen, aber sie ist eine mächtige Medizin, viel mehr als ein einfaches »Danke«. Zu Danken bedeutet anzuerkennen – nicht nur die Gabe selbst, auch die gebende Instanz. Wenn ich einen Apfel esse, gilt meine Dankbarkeit dem Baum mit seinen weit geöffneten Ästen, dessen säuerliche Frucht nun in meinem Munde ist und dessen Leben zu meinem Leben wird. Dankbarkeit basiert auf dem tiefen Wissen, dass unsere eigene Existenz auf den Gaben derer fußt, die der Fotosynthese fähig sind. Dankbarkeit wird angetrieben von der Anerkennung aller Lebewesen als Subjekte. Sie fordert den trügerischen Glauben der menschlichen Vormachtstellung heraus – der Vorstellung, dass wir irgendwie besser sind und mehr von dem Reichtum und den Gaben dieser Erde verdienen, als andere Arten.

Die Kultur der Dankbarkeit hat einen überzeugenden evolutionären Vorteil. Diese menschliche Emotion stärkt unsere Anpassungsfähigkeit, denn sie kann faktisch zur Nachhaltigkeit beitragen.

Die Praxis der Dankbarkeit kann auf sehr reale Weise zu einer Praxis der Selbstbeschränkung führen, bei der wir nur das nehmen, was wir brauchen. Die Anerkennung der Gaben, die uns umgeben, schafft ein Gefühl von Zufriedenheit, ein Gefühl von Genug-Sein. Das ist ein Gegengift gegen die gesellschaftlichen Botschaften, die unsere Seelen durchbohren, um uns zu vermitteln, dass wir immer mehr brauchen. Die Praxis der Zufriedenheit ist ein radikaler Akt in einer konsumorientierten Gesellschaft.

Indigene Geschichtstraditionen sind voll warnender Erzählungen über die Unterlassung von Dankbarkeit. Wenn Menschen vergessen Gaben zu ehren, sind die Konsequenzen daraus immer sowohl materiell als auch spirituell. Die Quelle versiegt, der Mais wächst nicht, die Tiere kehren nicht zurück und die Scharen beleidigter Pflanzen und Tiere und Flüsse erheben sich gegen diejenigen, die Dankbarkeit vernachlässigt haben. Die westliche Erzähltradition schweigt seltsamerweise zu diesem Thema, und so befinden wir uns in einer Zeit, in der wir zu Recht Angst vor dem Klima haben, das wir schufen.

Wir Menschen haben Regeln der Dankbarkeit, wir folgen ihnen formell im Umgang miteinander. Wir sagen Danke. Wir wissen, dass der Erhalt einer Gabe die Verantwortung mit sich bringt, etwas zurück zu geben. Wenn wir als Art auf diesem schönen Planeten überleben wollen, ist der nächste Schritt unserer kulturellen Weiterentwicklung, die Regeln der Dankbarkeit auf den Umgang mit der lebendigen Erde auszuweiten. Dankbarkeit ist die mächtigste Antwort, die wir der Erde geben können, denn sie eröffnet die Möglichkeit zu Gegenseitigkeit: den Akt des Zurückgebens.

Gegenseitigkeit – das Erwidern einer Gabe – ist nicht einfach nur gutes Benehmen; die gesamte biophysikalische Welt funktioniert so. Das Gleichgewicht in ökologischen Systemen ergibt sich aus negativen Rückkopplungsschleifen, aus Zyklen des Gebens und Nehmens. Wechselwirkungen zwischen verschiedenen Teilen der lebendigen Erde schaffen ein Gleichgewicht, in dem das Leben, wie wir es kennen, gedeihen kann. Wenn die Gaben in Bewegung sind, kann sich ihre Energie immer weiter fortsetzen. Positive Rückkopplungsschleifen, in denen sich Interaktionen gegenseitig aus dem Gleichgewicht bringen, schaffen radikale Veränderungen, oft bis zu einem Punkt, an dem es kein Zurück mehr gibt.

Wie können wir die Gaben der Erde erwidern?

1 Wir müssen erkennen, dass wir selbst nur einen Teil der großen Demokratie der Arten ausmachen und verstehen, dass wir, wie jeder andere erfolgreiche Organismus auch, nach den Regeln spielen müssen, die das Ökosystem funktionieren lassen. Die Gesetze der Thermodynamik gelten auch für uns. Uneingeschränktes Wachstum ist nicht möglich. In einer endlichen Welt können wir nicht kontinuierlich etwas wegnehmen, ohne es wieder aufzufüllen.

2 Lange bevor es Menschen gegeben hat, schuf der Energieaustausch zwischen Sonne und Pflanzen aus anorganischen Materialien eine lebendige Welt, die durch ihre verbundene Gegenseitigkeit konstant Leben regeneriert. Die industriellen Wirtschaftssysteme sind fest entschlossen, diesen Prozess rückgängig zu machen, und verwandeln mit einer beeindruckenden Effizienz das prachtvoll Lebendige in kalte, tote Produkte. Unsere Pfade auf der Erde werden von dem geformt, was uns am meisten bewegt. Wir betreiben Wirtschaft so, als würde uns der Profit einiger weniger einer Art mehr am Herzen liegen als

eine gute, grüne Welt für alle. Wir haben die Wahl, unsere Energie anders einzusetzen. Wir müssen unsere Wirtschaftssysteme an ökologischen Prinzipien und der Unversehrtheit der menschlichen Würde ausrichten.

3 Ökologische Regeneration ist ein Akt der Gegenseitigkeit und die Erde bittet uns, unsere Gaben zur Heilung der Schäden einzusetzen, die wir angerichtet haben. Unsere Fähigkeiten, mit denen wir die Erde gestalten und gedankenlos krank machen, können ebenso eingesetzt werden, um sie zu heilen. Es ist nicht nur die Erde, die verletzt ist, sondern auch unsere Beziehung zu ihr. Wir können Medizin für die Erde sein und gemeinsam an ihrer Erneuerung arbeiten.

4 Gegenseitigkeit wurzelt in dem Verständnis, dass wir nicht allein sind, dass die Erde auch von nicht-menschlichen Wesen bewohnt wird, die weise und erfinderisch sind und unseren Respekt verdienen. Wir tolerieren eine Regierung, die den Unternehmen Rechtspersönlichkeit und Redefreiheit zugesteht, aber stimmlosen Salamandern und Zuckerahornen diesen Respekt verweigert. Die Erde bittet uns, ihre Stimme zu sein. Weltweit verleihen Bewegungen, die von Indigenen Menschen geleitet werden, den Flüssen und Bergen eine eigene Rechtspersönlichkeit. Den Vereinten Nationen wurde eine Erklärung der Rechte von Mutter Erde vorgelegt. Ich denke, die Erde verlangt nach unserer Stimme.

Dankbarkeit ist unsere erste, aber nicht unsere einzige Gabe. Wir können Geschichten erzählen, musizieren, ausgeklügelte Maschinen erfinden, heilen, forschen und eine Erde lieben, die uns darum bittet, dass wir unsere einzigartigen Gaben im Namen des Lebens einsetzen.

Lasst uns auf eine Weise leben, für die die Erde uns dankbar sein wird.

Die Grammatik
der Lebendigkeit

Ein Friedhof ist ein merkwürdiger Ort um die Grenzen des Seins zu betrachten. Zwischen dem Universitätsgelände und der Autobahn gelegen, sind diese alten Ruhestätten unser geliebtes Stück nah erreichbarer Natur. Die längst Verstorbenen sind die stille Gesellschaft der Stud*entinnen, die die hügeligen Pfade unter verwildernden Eichen entlang schlendern. Die in überwucherte Grabsteine eingravierten Namen sind in Moos gebettet und Krähen versammeln sich auf den kahlen Ästen einer alten Buche, in die ebenfalls Namen geritzt sind. Wenn wir die Botschaften eines Friedhofs lesen, verstehen wir unsere tiefe Sehnsucht nach der umfassenden Achtung vor Leben und Tod, die mit dem Menschsein einhergeht. Namen, Namen, Namen: die Steine scheinen zu sagen: »Ich bin. Wir sind. Sie waren.« Die Grammatik, insbesondere der Gebrauch von Pronomen, ist unsere Art, die Beziehungen in der Sprache und, so scheint es, unser Verhalten zueinander und zur natürlichen Welt aufzuzeichnen.

Auf Zehenspitzen umrundet Caroline in Gummistiefeln ein bröckelndes Familiengrab, um zur Berberitzenhecke zu gelangen, wo sich eine Plastiktüte in den Dornen verfangen hat. »Ist es nicht komisch«, sagt sie, »dass wir denken, es sei respektlos über die Gräber der Toten zu gehen, aber dass es völlig okay wäre, anderen Arten hier in ihrem Lebensraum respektlos zu begegnen?«

Wir haben im Englischen eine spezielle Grammatik für das Menschsein. Wir würden niemals über eine verstorbene Person sagen: »Es liegt auf dem Eichenwald-Friedhof begraben.« Dieser Sprachgebrauch wäre sehr respektlos und würde die Person ihrer Menschlichkeit berauben. Stattdessen nutzen wir eine spezielle Grammatik für Menschen: Wir unterscheiden sie durch den Gebrauch von er oder sie[1], mit einer Grammatik des Menschseins für sowohl lebende, als auch tote Homo sapiens. Und doch sagen wir im Englischen von der Goldamsel, die den Trauernden von den Baumkronen her Trost spendet, oder von der Eiche selbst, unter der wir stehen: »Es lebt oder wächst auf dem Eichenwald-Friedhof«. In der englischen Sprache unterscheidet sich allein der Mensch, während alle anderen Lebewesen mit den nicht lebendigen »Its«, also den »Es«, in einen Topf geworfen werden.

Als Professorin für Botanik bin ich gleichermaßen an den blass-grünen Flechten interessiert, die langsam die Wörter auf den Grabsteinen auflösen, wie auch an den fast vergessenen Namen selbst. Und auch die Stud*entinnen schauen an den Steinen vorbei nach Falten-Tintlingen im Gras oder hoffen auf einen flüchtigen Blick auf

1 Anmerkung des Verlags: Im Nachwort des Verlags gehen wir darauf ein, dass es noch eine große Vielzahl selbstgewählter anderer Pronomen für Menschen gibt.

einen Stadtfuchs. Die, die an diesem spätherbstlichen Tag auf Exkursion sind, sind sogenannte »Freshmen« aus Janine DeBaises Umwelt-Schreibkurs am SUNY College für Umweltwissenschaften und Forstwirtschaft, an dem wir beide unterrichten. Ich habe sie auf eine Erkundungsreise eingeladen, um mit der Natur der Sprache und der Sprache alles Natürlichen zu experimentieren. Janine würde mich korrigieren: Sie würde von ihren Stud*entinnen nicht als »Freshmen« reden, da sie weder »fresh«, noch alle männlich sind. Wir nennen sie »Stud*entinnen des ersten Semesters«. Wörter haben Gewicht. Vergangene Woche bekamen sie von Janine die Aufgabe, auf einem Friedhofsspaziergang schriftliche Überlegungen zu machen. Nun besuchen wir den gleichen Ort wieder, diesmal mit neuen Gedanken zur Grammatik, die in den Köpfen der Stud*entinnen umherspringen. Für sie vielleicht neu, aber im Grunde genommen uralt: die Grammatik der Lebendigkeit.

Für mich beginnt diese Geschichte in einem Klassenraum in einem anderen Jahrhundert, an der Carlisle Indian School, in die mein Potawatomi-Großvater als kleiner Junge gebracht wurde. In den Internaten für Indigene Kinder, in denen ihnen verboten wurde, ihre eigenen Sprachen zu sprechen, wurde ich der Möglichkeit beraubt, meine Herkunftssprache zu lernen, und ihr eurer Möglichkeit, diese jemals zu hören. Hinter den Toren dieser Schule ersetzten die abgehackten Silben des Englischen die satten Potawatomi-Laute des auf Felsen plätschernden Wassers und des Windes in den Bäumen, eine Sprache, die im Land der Großen Seen entstand. Unsere Sprache bewegt sich am Rande des Aussterbens, eine bedrohte Spezies des Wissens und der Weisheit, die mit jedem aus dem Leben scheiden einer älteren Person weiter schwindet.

Also habe ich Stück für Stück versucht, meine verlorene Sprache zu erlernen. Mein Haus ist mit Post-Its übersät, sie benennen *wiisgaak*, *gokpenagen* und *ishkodenhs*. Die Sprache ist sehr schwer zu lernen, aber der lebendige Herzschlag jedes Satzes lässt mich weitermachen. Es gibt Wörter für Seinszustände, die kein Äquivalent im Englischen haben. Die Sprache, die meinem Großvater verboten war zu sprechen, ist vorwiegend aus Verben zusammengesetzt, aus Möglichkeiten, das lebendige Sein dieser Welt zu beschreiben. Beides, Nomen und Verben, kommen in zwei Formen vor, in der belebten Form und in der unbelebten. Du hörst einen Blauhäher mit einem anderen Verb als du ein Flugzeug hörst, so unterscheiden wir das Lebendige von den bloßen Objekten. Über Vögel, Insekten und Beeren wird in der gleichen respektvollen Grammatik gesprochen wie über Menschen, als gehörten sie alle zur gleichen Familie. Denn wir gehören zusammen. Es gibt kein »Es« in der Natur. Lebewesen werden als Subjekte bezeichnet, nie als Objekte, und der Subjektstatus wird auf alle erweitert, die atmen, und auf einige, die nicht atmen. Ich grüße die stillen Felswesen mit dem gleichen Respekt, mit dem ich die gesprächigen Meisen grüße.

Es ist kein Wunder, dass unsere Sprache verboten wurde. Die Sprache, die wir sprechen, ist auf allen Ebenen ein Affront in den Ohren derer, die uns kolonisierten, denn sie stellt die fundamentalen Lehren des westlichen Denkens in Frage – dass nur Menschen Rechte besitzen und der Rest der lebendigen Welt allein zum Nutzen der Menschen da ist. Jene, die meine Vorfahren ihre Verwandten nannten, wurden in »natürliche Ressourcen« umbenannt. Im Gegensatz zum auf Verben basierenden Potawatomi, ist das Englische vor allem aus Nomen zusammengesetzt, was irgendwie passend scheint für eine Kultur, die so von Dingen besessen ist.

Zur gleichen Zeit, zu der die auf diesem Land gesprochene Sprache unterdrückt wurde, wurde auch das Land selbst von der kommunalen Verantwortung der Personen, die dort bereits lebten, in das Privateigentum derer, die es neu besiedelten umgewandelt – ein Doppelschlag der Kolonisation. Die Indigene Vorstellung von Land als einem verehrten Lebewesen, mit dem kolonialen Verständnis von Land als Warenhaus für natürliche Ressourcen zu ersetzen, war essentiell für das Manifest Destiny, sodass

Sprachen, die eine andere Geschichte erzählten, als feindlich erklärt wurden.[2] Indigene Sprachen und Indigenes Denken waren ebenso ein Hindernis für die Landnahme wie die riesigen Büffelherden und wurden genauso Ziel der Ausrottung.

Sprachlicher Imperialismus war schon immer ein Instrument der Kolonisierung, mit der beabsichtigt wurde, die Geschichte und die Sichtbarkeit der Menschen auszulöschen, die samt ihrer Sprachen vertrieben wurden. Aber fünfhundert Jahre später, in einer längst umbenannten Landschaft, ist das fast nicht mehr wahrnehmbar. Wir vergessen die ursprünglichen Namen, vergessen, dass der Hudson River einst »der Fluss, der in beide Richtungen fließt« war und Devils Tower der heilige Bärenfels der Lakota. Ich denke, nach der Umbenennung von Orten war der tiefgreifendste Akt des sprachlichen Imperialismus das Ersetzen der Sprache der Lebendigkeit mit einer der Objektifizierung von Natur, durch die die geliebte Erde zum leblosen Ding und der Wald in eine Holzmaßeinheit verwandelt wurde. Weil wir diese Sprache täglich sprechen und mit ihr leben, ist auch unser Verstand von der

---

2 Anm. d. Übers.: Das *Manifest Destiny* (wörtlich: unabwendbares Schicksal) ist eine Doktrin des 19. Jahrhunderts, die besagt, dass die USA einen göttlichen Auftrag zur kriegerischen Expansion und gewalttätigen Landnahme hatte.

Vorstellung kolonisiert worden, dass die Welt der nichtmenschlichen Lebewesen und die Welt der unbelebten Dinge den gleichen Status haben. Baufahrzeuge, Brillen, Blaubeeren und Bienen werden als »es« bezeichnet, als Dinge, ob sie nun unbelebte industrielle Produkte oder lebendige Wesen sind.

Das Englische ist zu einer dominanten Handelssprache geworden, in der Verträge geschrieben werden, die aus einem Wald eine Kupfermine machen. Es ist genau die richtige Sprache für dieses Unterfangen, denn der Wald und das Kupfer werden auf Englisch beide mit »es« bezeichnet. In die englische Sprache ist die menschliche Einzigartigkeit eingeschrieben, sie stellt die Bedürfnisse und Wünsche der Menschen über die aller anderen und versteht uns als losgelöst vom Wohlergehen der Welt. Aber ich frage mich, ob das immer so war. Ich kann es mir nicht anders vorstellen, als dass das Land sehr deutlich zu den ersten Menschen aus England sprach, die auf dem Kontinent eintrafen – ganz so, wie zu den Potawatomi. Robert Macfarlanes wundervolles Buch *Landmarks*, das von Landschaft und Sprache handelt, dokumentiert unzählige Ortsnamen von großer Besonderheit, die von einer uralten angelsächsischen Intimität zum Land und seinen Wesen zeugen. Es heißt, dass die Gesellschaft, mit der wir uns umgeben, viel über uns aussagt, und ich frage mich, ob das Englische seinen Ton schärfte und die

Begleitung der Eichen und Primeln aufgab, als es begann, dem Kapitalismus Gesellschaft zu leisten. Ich möchte vorschlagen, dass wir anfangen, diesen Riss zu heilen – mit Pronomen. Als Studentin, die sich gegen die Regularien des Schreibens wehrte, hätte ich nie gedacht, dass ich irgendwann zur Verfechterin der Grammatik als Werkzeug der Revolution werden würde.

***

Einige der Stud*entinnen auf dem Friedhof haben in meinem Buch *Geflochtenes Süßgras* das Kapitel gelesen, das zu einer Grammatik der Lebendigkeit aufruft. Sie sind erstaunt über die unausgesprochene Annahme einer Hierarchie des Seins, auf der die englische Grammatik basiert, etwas, über das sie nie zuvor nachgedacht hatten. Sie tauchen kopfüber in die philosophischen Verwicklungen der englischsprachigen Pronomen ein.

Einer der Stud*entinnen, Carson, schreibt in seinem Aufsatz, dass das Wort »es« uns abstumpft: »›Es‹ stumpft uns ab bezüglich der Konsequenzen unseres Handelns und erlaubt uns, die Natur auszunutzen, ihr sogar zu schaden, frei von Schuldgefühlen, denn wir erklären andere Lebewesen als weniger wertvoll als uns selbst, erklären sie einfach zu Dingen.« Er gibt die Worte von Wendell Berry wider, der schreibt: »Menschen beuten aus, was ihnen lediglich verwertbar erscheint, aber sie verteidigen das, was sie lieben. Um zu verteidigen was wir lieben, bedürfen wir einer differenzierenden Sprache, denn wir lieben das, was wir differenziert wahrnehmen können.«[3]

Es stimmt zwar, dass Wörter nur Gefäße für Bedeutungen sind und keine eigene Bedeutung tragen, dennoch hauchen viele Kulturen der Äußerung von Wörtern Leben ein, denn sie haben ihren Ursprung im Atem, im Geheimnis des Lebens selbst. In ihrem Buch *Becoming Wise* schreibt Krista Tippett: »Die Wörter, die wir nutzen, formen unser Verständnis von uns selbst, unsere Interpretation von Welt und unsere Art, andere zu behandeln. Wörter schaffen Welten.«[4]

Ich möchte damit nicht sagen, dass wir aufgrund unserer Grammatik darauf beschränkt sind, auf eine bestimmte Weise zu handeln. Ich habe die meiste Zeit meines Lebens »es« gesagt und bislang noch keinen Wald kahlgeschlagen. (Ich kann nicht einmal Müll einfach liegen lassen, obwohl ich es einmal versucht habe, nur um herauszufinden, wie sich das anfühlt.) Auch werden diejenigen, die die Sprache des Lebendigen sprechen, nicht automatisch alle Nicht-

---

3 Wendell Berry: Life is a Miracle. An Essay Against Modern Superstition. Counterpoint: 2000.

4 Krista Tippett: Becoming Wise. An Inquiry into the Mystery and Art of Living. Penguin Books: 2017.

Menschen mit Respekt behandeln. Schließlich gibt es auch Indigene Gesellschaften, die von Menschen regiert werden, die den Bergbau- oder Holzunternehmen freiwillig das Land ihrer Ahn*innen übergeben, obwohl sie mit einer Grammatik des Lebendigen aufgewachsen sind. Auch die russische Sprache, die in ihrer Struktur die Lebendigkeit annimmt, hat dort nicht gerade zu einer florierenden Nachhaltigkeit geführt. Der Zusammenhang zwischen der Struktur einer Sprache und dem charakteristischen Verhalten einer Kultur ist nicht kausal, aber in der Sprachwissenschaft und Psychologie sind viele sich einig, dass Sprache unbewusste kulturelle Vorannahmen aufzeigt und einen gewissen Einfluss auf Gedankenmuster hat.

Während wir unter den Eichen reden, widerspricht eine*r der Stud*entinnen mit Nachdruck: »Nur weil ich ›es‹ sage, bedeutet das nicht, dass ich die Natur nicht respektiere. Ich bin auf einem Hof aufgewachsen und wir haben all unsere Tiere ›es‹ genannt, aber wir haben uns gut um sie gekümmert. Wir haben lediglich ›es‹ gesagt, weil ja allgemein bekannt ist, dass wir den Dingen, die wir essen, lieber keine Namen geben.« Ganz genau! Wir nutzen »es« um uns zu distanzieren, um andere Wesen außerhalb unserer moralischen Auffassungen zu platzieren, um zwischen dem Unterschiedenen Hierarchien zu schaffen, die unsere Handlungen rechtfertigen – damit wir nichts fühlen müssen.

Dagegen nehmen Indigene Weltbilder andere Wesen als unsere Verwandten wahr, auch die, die wir zu essen gedenken. Da wir leider nicht die Fähigkeit der Fotosynthese besitzen, müssen wir Menschen Leben nehmen, um selbst zu leben. Wir haben keine andere Wahl, als Lebendiges zu verzehren, aber wir haben die Wahl, Pflanzen oder Tiere so zu konsumieren, dass wir das Leben, das wir nehmen, ebenso würdigen, wie das Leben, das so gedeihen kann. Anstatt eine ethische Verurteilung dadurch zu vermeiden, dass wir uns distanzieren, können wir die entstehende Spannung bewusst annehmen. Wir können essbare Pflanzen und Tiere als Mitgeschöpfe anerkennen und durch Rituale der Gegenseitigkeit Respekt für den feierlichen Austausch des Lebens unter Verwandten zeigen.

Die Stud*entinnen, mit denen wir über den Friedhof gehen, sind vorwiegend für das Studium der Umweltwissenschaften eingeschrieben. Die Praxis, alles in der Natur als »es« zu bezeichnen, ist nicht nur geläufig, sie ist erforderlich für das wissenschaftliche Schreiben. Rachel weist darauf hin, dass es in ihrem Biologiekurs »strenge Tabus bezüglich der Personifizierung von Natur gibt, und selbst die kleinste Andeutung von Vermenschlichung kann dich schon einen Punkt im Aufsatz kosten.«

Ich habe das Privileg, mein Leben vor Pflanzen kniend zu verbringen. Als Pflanzenwissenschaftlerin sammle ich manchmal Daten. Als Indigene Pflanzenfrau sammle ich manchmal Medizin. Diese zwei Rollen sind sehr unterschiedlich in ihrem Denkansatz, aber ich bleibe immer ehrfürchtig, und immer mit beiden in Verbindung. In jedem Fall sorgen die Pflanzen für mich, lehren mich, inspirieren mich. Wenn ich als Wissenschaftlerin schreibe, muss ich sagen »Eine 8 cm lange Wurzel wurde aus dem Boden entnommen«, so als wären die blättrigen Wesen Dinge, und so als wäre ich eigentlich auch ein Ding. Wissenschaftliches Schreiben präferiert Passivkonstruktionen – und zieht diese Subjektbezeichnungen jeglicher Art vor. Und doch verdeckt die technische Sprache ein tieferes Verständnis, obwohl sie doch dafür geschaffen wurde, sehr akkurat zu sein.

Schreibe ich als Indigene Pflanzenfrau, würde ich mich vielleicht so ausdrücken: »Meine Pflanzenverwandtschaft hat ihr heilendes Wissen mit mir geteilt und mir ein Wurzelheilmittel gegeben.« Statt unsere gegenseitige Verbundenheit zu ignorieren, feiere ich sie. Dennoch verlangt die englische Grammatik, dass ich das von mir geschätzte heilende Wesen als »es« bezeichne, nicht als respektiertes mich lehrendes Geschöpf, wie im Potawatomi alle Pflanzen begriffen werden. Das war mir schon immer unangenehm. Ich möchte ein Wort für das Wesenhafte und Lebendige. Können wir die Sprache der Verdinglichung entlernen und kolonisiertes Denken verwerfen? Können wir mit neuen Wörtern eine neue Welt erschaffen?

Inspiriert von der Grammatik alles Lebendigen im Potawatomi, die sich so richtig und wahr anfühlt, habe ich nach einem neuen Ausdruck gesucht, der im Englischen »es« ersetzen könnte, wenn wir von lebendigen Wesen sprechen. In Wäldern und Feldern vor mich hinmurmelnd, habe ich verschiedene Wörter ausprobiert, in der Hoffnung, eines davon könne sich für meine blättrigen oder gefiederten Mitgeschöpfe richtig anfühlen. Eines schlich sich immer wieder ein in meine Grübeleien. Und so bat ich Stewart King, mein Sprachmentor und einer meiner Ältesten, um Rat und erklärte ihm mein Vorhaben, ein Wort zu finden, das der englischen Grammatik Lebendigkeit bringt, um ihre Respektlosigkeit zu heilen. Er gab mir zu Recht folgenden Hinweis: »Unsere Sprache trägt keinerlei Verantwortung dafür, zur Heilung der Gesellschaft beizutragen, die versucht hat, sie auszurotten.« Mit großer Achtung vor seiner Antwort dachte ich darüber nach, ob die Lehren unserer traditionellen Weisheiten eines Tages als Heilmittel für eine zerstörte Erde dienen könnten. Und so fragte ich ihn, ob es in unserer Sprache ein Wort gibt, das die schlichte und doch wundersame Eigenschaft des Seins begreift. Und natürlich gibt es eins. »*Aakibmaadiziiwin*«, sagte er, »bedeutet ›ein seiendes Wesen der Erde‹«. Ich seufzte vor Erleichterung und vor Dankbarkeit für die Existenz dieses Wortes. Dennoch würden diese wunderbaren Silben sich nicht einfach in das Englische einfügen lassen, um das Pronomen »es« zu ersetzen. Aber was war mit diesem ersten Klang, dem, der mich immer wieder einholte, wenn ich durch Landschaften ging? Können wir möglicherweise aus dem Anfang dieses Wortes in feierlicher Anerkennung seiner Potawatomi Wurzeln ein neues Pronomen heraushören, aus den Silben »*aaki*«, die »Land« bedeuten? »*Ki*« könnte die Wesen dieser lebendigen Erde bezeichnen. Nicht »er« oder »sie«, sondern »*ki*«. Damit wir, wenn das Rotkehlchen an einem Sommermorgen trällert, sagen können: »*Ki* singt in der Sonne«. *Ki* rennt auf Eichhörnchenfüßen durch die Äste, *ki* heult den Mond an, *kis* Äste wiegen sich in der nach Pinien duftenden Brise – sie alle so lebendig in unserer Sprache, wie in unserer Welt.

Wir brauchen natürlich eine Pluralform, um von all den vielen Lebewesen, mit denen wir den Planeten teilen, zu sprechen. Wir müssen dieses Wort nicht aus dem Potawatomi leihen, da wir – kaum zu glauben – im Englischen bereits ein passendes Wort für sie haben: »*kin*« – also Verwandtschaft. *Kin* reifen in den Feldern; *kin* nisten unter der Dachrinne; *kin* fliegen im Winter in den Süden und kommen bald zurück. Unsere Wörter können ein Heilmittel gegen die menschliche Sonderstellung sein, gegen die gedankenlose Ausbeutung, ein Heilmittel gegen Einsamkeit, eine Öffnung zur Verbundenheit. Wenn Wörter die Welt erschaffen, können dann diese zwei kleinen

Wortklänge die Grammatik der Lebendigkeit wieder hervorholen, die den Mündern der Kinder auf dem Carlisle-Internat entrissen wurden?

Ich mache mir keine Illusionen, dass wir jetzt plötzlich die Sprache verändern und damit unsere Wahrnehmung der Welt, aber es ist eine Tatsache, dass das Englische sich immer weiter entwickelt. Wir verwerfen Wörter, die wir nicht mehr nutzen und erfinden Wörter, die wir brauchen. Das Oxford Wörterbuch für Kinder hat bekanntlich die Wörter »Eichel« und »Butterblume« gegen »Bandbreite« und »Chatroom« getauscht, allerdings sind sie nach öffentlichem Druck wieder aufgenommen worden. Ich denke nicht, das wir Wörter brauchen, die uns von der Natur entfernen. Wir brauchen Wörter, die unsere Beziehung zur Natur heilen, die uns einladen eine inklusive Weltanschauung einzunehmen, die alle Lebewesen als Subjekte versteht.

Als ich diese zwei kleinen Wörter wie die Saat in den Wind der Welt gestreut habe, sind sie hier und dort auf fruchtbaren Boden gefallen. Sie wurden verschiedentlich in Kinderbücher und Lieder aufgenommen. Die, die sie lasen, berichteten, dass allein der Klang, das Phonem, das »kii« ausgesprochen wird, in anderen Wörtern mit ähnlicher Bedeutung mitschwingt. *Ki* ist eine parallele Schreibweise von *Chi* oder *Qi* – das Wort für die Lebensenergie, die allem innewohnt und durch alles fließt. Es harmoniert mit *qui*, dem Fragepronomen in den lateinischen Sprachen. Mir wurde gesagt, es sei der Name der sumerischen Erdgöttin und die Wurzel der Turkwörter für Baum. Könnte *ki* der Schlüssel zu einer neuen Art zu denken sein, oder zur Wiedererinnerung einer alten?

Diese Rückmeldungen kamen nun aber von Menschen, die über Natur schreiben, Kunst machen, in der Lehre oder Philosophie tätig sind; ich möchte aber auch wissen, wie die jungen Menschen darauf reagieren, die die Sprache zukünftig gestalten. An unserer kleinen Hochschule für Umweltwissenschaften gibt es viele, die öko-aktivistisch unterwegs sind und gerne Bäume umarmen, wenn es also irgendwo ein Publikum gibt, das offen für *ki* ist, dann hier.

***

Während *ki* und *kin* in ihren Köpfen rattern, gehen die Stud*entinnen wieder gemeinsam über den Friedhof und spielen mit den Wörtern, probieren aus, wie sie sich auf ihren Zungen anfühlen und in ihren Köpfen.

In die Formvorgaben des Satzbaus versunken, stellen die Stud*entinnen viele Fragen, in denen sie den Wunsch nach »Regeln« für die Anwendung der neuen Wörter äußern, Regeln, die wir nicht haben. Gibt es dafür ein Possessivpronomen? Wo verlaufen die Grenzen? »Ich kann zu diesem Strauch *ki* sagen«, sagt Renee, »aber was ist mit dem Wind?«

»Ja«, antworte ich, »in meiner Sprache ist der Wind lebendig.«

Während wir unter der stämmigen Eiche stehen, diskutieren die Stud*entinnen darüber, wie die Wörter benutzt werden können. Wenn der Baum *ki* ist, was ist dann mit den Eicheln? Sie sind sich darüber einig, dass die Eicheln dann *kin* sind, eine ganze Familie kleiner Wesen. Der Boden in diesem verwilderten Teil des Friedhofs ist mit Zweigen übersät. »Sind diese toten Glieder ebenfalls *kin*? Auch wenn sie tot sind?«, fragt Evelyn und sagt: »Als ich die toten Zweige auf dem Boden gesehen habe, musste ich sehr an Feuerholz denken. Ich habe es immer so ausgedrückt – und so gedacht – als sei ich die Person, die das Feuerholz macht. Aber wenn ich diesen Baum als *ki*, als Wesen verstehe, fällt mir auf einmal auf, wie widersinnig das ist. Nicht ich habe das Feuerholz gemacht. Ich habe es lediglich vom Boden aufgesammelt.« In nur einem Satz drückt Evelyn ein Umdenken aus: dass nicht nur der Mensch fähig ist, zu agieren oder zu handeln, sondern auch der Baum selbst. Die Grammatik der Lebendigkeit ist ein Heilmittel gegen die menschliche Arroganz; sie erinnert uns daran, dass wir nicht allein sind. Evelyn schreibt später, »*Ki* zu benutzen, hat mich dazu gebracht, alles anders wahrzunehmen, als beschenkten uns all diese Wesen und ich konnte nicht anders, als Dankbarkeit zu empfinden. Wir nennen diese Art Feuerholz im Englischen ›kindling‹, also Anzündholz, und in mir hat es ein neues Verstehen angefacht. Und das Wort *kin* ist in *kindling* mit drin.«

Eine andere Person aus dem Kurs, Amanda, fügt hinzu: »Diese Wörter lassen mich die Bäume als eigenständige Wesen wahrnehmen. Vorher habe ich sie einfach alle ›Eiche‹ genannt, als seien sie bloß eine Baumart und keine Individuen. So lernen wir es in der Baumkunde, aber wenn ich *ki* sage, nehme ich einen einzelnen Baum nicht einfach als ›Eiche‹ wahr, sondern als eine bestimmte Eiche – die mit dem gebrochenen Ast und den braunen Blättern.«

Trotz der sehr kurzen Bekanntschaft mit *ki* und *kin* kommen die Stud*entinnen direkt zum Kern der Bedeutung dieser Wörter: »Ich kann mir vorstellen, dass dies eine Herausforderung für die meisten religiösen Leute ist«, sagt Paul. »Die Menschen werden irgendwie vom Thron gestoßen, wenn sie meinen, die einzigen Wesen mit Seele zu sein.« Tatsächlich waren christliche MissionarInnen die Speerspitze der Sprachunterdrückung Indigener Kulturen, und sie waren federführend in der Errichtung von Internaten für Indigene Kinder. Der Krieg gegen die Sprache des Lebendigen und gegen die Verbindung zur natürlichen Welt war essenziell für das doppelte Ziel der religiösen und ökonomischen Missionierung. Der biblische Auftrag zur

Unterwerfung der Schöpfung durch den Menschen war ganz sicher unvereinbar mit den Indigenen Sprachen.

Ein*e weitere Stud*entin, Kieran, bemerkt: »Wenn ich diese Wörter nutze, während ich hier umherlaufe, verstehe ich, wie wir alle verbunden sind. Wenn du anfängst, *ki* und *kin* zu sagen, bekommst du Gewissensbisse dazu, was du dein ganzes Leben lang als selbstverständlich hingenommen hast.«

In der Ökopsychologie gibt es die Annahme, dass unsere Vorstellungen von einem Selbst als gänzlich unabhängig von der natürlichen Welt negative Auswirkungen auf das Wohlergehen von Menschen und Ökosystemen hat. Vielleicht können diese Wörter Medizin sein – für die Menschen und für die Ökosysteme – sodass wir jedes Mal, wenn wir von der lebendigen Welt sprechen, Respekt ausatmen und Verwandtschaft einatmen und so die Atmosphäre in ein Medium der Verbundenheit verwandeln. Wenn Pronomen Empathie entfachen können, möchte ich die Welt mit ihrem Klang überschütten.

Die freimütigsten unter den Stud*entinnen zeigen eine gewisse Begeisterung für die neuen Pronomen, aber die leisen, skeptischen unter ihnen bewahren sich ihre Vorbehalte für die Schreibaufgabe auf, als wir zurück im Kursraum sind. So schreibt eine Person: »Das ist eine warmherzige, wohlwollende Idee, aber sie wird niemals funktionieren. Menschen mögen keine Veränderungen, und sie werden stinksauer, wenn du ihnen erklären willst, wie sie zu reden haben. Die meisten Menschen wollen gar nicht denken, dass die Natur genauso wertvoll ist, wie sie selbst.« Eine weitere Person schreibt ein Gekritzel, in dem jeder halbfertige Buchstabe von Ungeduld zeugt: »Wenn du wirklich die Welt verändern willst, mach etwas Reales. Engagiere dich ehrenamtlich bei der Tafel, pflanze einen Baum. Pronomen herbei zu fantasieren ist eine riesige Zeitverschwendung.«

Darum liebe ich es, zu unterrichten. Wir sind dadurch gezwungen, nachvollziehbar für andere zu sein.

Das abstrakte »Fantasieren von Pronomen« mag sinnlos erscheinen, zu einer Zeit in der Geschichte unserer Nation, in der die Sprache der Respektlosigkeit die Währung des politischen Diskurses ist. US-amerikanischer Nationalismus und die Sonderstellung des Menschen werden zum hochgesteckten Ziel, das wenig Raum für Demut und naturbezogenes Mitgefühl lässt. Es hat etwas Naives, für den Respekt gegenüber nicht-menschlicher Wesen zu plädieren, wenn wir ihn selbst menschlichen Geflüchteten verweigern. Aber ich glaube dieser Gedankengang ist dennoch falsch. Wörter haben Gewicht, und ihre leichten Wogen können in der »realen« Welt Wellen schlagen.

Das naturbezogene Mitgefühl unserer Indigenen Sprachen ist nach wie vor gefährlich für das dominante Unterfangen, politische und wirtschaftliche Kräfte gegen die natürliche Welt zu formieren, während der ausbeuterische Kolonialismus unter dem Deckmantel des Wohlstands wiedergeboren wird. Der Gegensatz zwischen diesen Weltanschauungen ist heute so deutlich wie er es zu Zeiten meines Großvaters war, und wieder einmal sind es Indigene Gesellschaften und die Gebiete in denen sie leben, die den Preis dafür zahlen sollen.

Wenn du denkst, dies ist lediglich eine obskure linguistische Angelegenheit, dann nimm einfach wahr, was gerade jetzt, während ich dies schreibe, in der Steppe von North Dakota geschieht: dort haben hunderte von Menschen ihr Lager aufgeschlagen und harren in der bitteren Kälte des Schneesturms aus, um Wache für ihren Fluss zu halten, der vom Bau der *Dakota Access Pipeline* und den damit verbundenen unvermeidlichen Verschmutzungen durch auslaufendes Öl bedroht wird. Der Fluss ist kein »es« für sie – der Fluss befindet sich innerhalb ihres Kreises der moralischen Verantwortung und des Mitgefühls, und so beschützen sie *ki* leidenschaftlich, als wäre der Fluss mit ihnen verwandt, weil *ki* lebt. Aber die, vor denen sie *ki* beschützen, sprechen vom Fluss und vom Öl und von der Ölpipeline mit ein und demselben Wort – als wäre »es« ihr Eigentum, als wäre »es« nicht mehr als eine Ressource, die sie benutzen können. Als wäre all das tot.

In Standing Rock existieren zwei unterschiedliche Sprachen für diese Welt – die derer, die mit Wasserwerfern bewaffnet sind, und die derer, die sich mit Gebeten wappnen – und an dieser Stelle werden die Fronten geklärt. Behandeln wir die Welt so, als seien wir mit *ki* verwandt, als wäre die Erde mit Sein belebt, mit Gegenseitigkeit und Ehrfurcht – oder wie ein Ding, das wir je nach Bedarf mit oder ohne Respekt behandeln können? Das koloniale Weltbild und die koloniale Sprache treten erneut gegen Indigene Weltanschauungen an. Sich dessen bewusst, haben sich Tausende nicht-Indigene Verbündete denen angeschlossen, die in Standing Rock das Wasser beschützen, und auch sie sprechen mit der Stimme des Widerstands, und auch sie sprechen für die lebendige Welt, für eine Grammatik der Lebendigkeit.

Glücklicherweise ist die jüngere Geschichte der Menschheit davon geprägt, dass sich die Anerkennung des Subjektstatus immer weiter ausweitet, seit den Zeiten, als die Indigenen Gemeinschaften nicht als Menschen anerkannt waren, als versklavte Menschen nur zu dreifünfteln als Person galten, als Frauisierte weniger wert waren als Männer. Sprache, Subjektstatus und Politik waren immer an Menschenrechte gekoppelt. Werden wir so weise sein, den Kreis einmal mehr zu erweitern? Benennung ist der Anfang von Gerechtigkeit.

Überall auf der Welt entstehen gerade Vorstellungen von Gerechtigkeit für die Natur, in politischen wie auch in juristischen Bereichen. In Neuseeland erreichte die Indigene Maori-Führung den Schutz der heiligen Gewässer des bedrohten Whanganui Flusses, indem sie durchsetzte, dass dem Fluss eine eigene Rechtspersönlichkeit verliehen wurde, und damit das Recht auf Unversehrtheit. In den Verfassungen der Indigenen Gemeinschaften von Ecuador und Bolivien sind die Rechte von Mutter Natur verankert. In der Schweiz wurde die Verfassung so geändert, dass Tiere nun als Lebewesen und nicht als Objekte definiert sind. Im Jahr 2016 ergänzte die Ho-Chunk Nation in Wisconsin die Verfassung ihrer Gemeinschaft, die nun besagt, dass »Ökosysteme und natürliche Gemeinschaften innerhalb des Ho-Chunk Gebiets ein eigenes, grundlegendes und unveräußerliches Recht zu existieren und zu gedeihen besitzen.« Diese rechtliche Struktur erlaubt es der Gemeinschaft, ihr Gebiet vor dem Bergbau zum Sand-Fracking und zur Gewinnung fossiler Brennstoffe zu schützen, denn das Gebiet besitzt nun eine eigene Rechtspersönlichkeit. Unterstützt durch die revolutionären Initiativen des Gemeinschaftsfonds für die rechtliche Verteidigung der Umwelt[5] erblüht eine Bewegung für die Rechte der Natur. Ihre Wurzeln sind die Lebendigkeit, der Subjektstatus aller Wesen. Wir werden hierfür ein neues Pronomen brauchen.

---

5 Anm. d. Übers.: Im Original: *Community Environmental Legal Defense Fund*

***

Die Stud*entinnen merken an, dass sie *ki* und *kin* gerne nutzen würden, aber sie stolpern über die Veränderungen im Satzbau. »Es wäre viel einfacher, hätte ich es bereits als Kind gelernt«, sagen sie. Sie haben natürlich recht. Nicht nur, weil Sprachmuster sich in der frühen Entwicklung bilden, sondern weil Kinder auf ganz natürliche Weise von anderen Lebewesen wie von Personen sprechen. Ich bin entzückt, wenn ich mein Enkelkind höre, das wie die meisten Kleinkinder über ein Insekt, das über den Hof fliegt sagt: »Er fliegt.«, oder: »Sie setzt sich auf eine Blume.« Kinder sprechen anfangs mit einer universalen Grammatik der Lebendigkeit, bis wir ihnen beibringen, es nicht zu tun. Mein Enkelkind ist auch völlig fasziniert von Baufahrzeugen und kann ihnen ewig zuschauen, und trotz ihrer Bewegungen und Geräusche steht ihr Wesen außer Frage: Baufahrzeuge sind »es«.

Ich bringe meinem Enkelkind auch Potawatomi-Wörter bei. Um die Sprache zu würdigen, die dem Urgroßvater genommen wurde, möchte ich nun meinem Enkelkind diese Sprache zurückgeben, sodass es nie allein auf dieser Welt ist und von Verwandten umgeben lebt. Das Kind kennt bereits die Wurzeln alles Lebendigen, umarmt Bäume und küsst das Moos. Mein Herz hüpfte vor Freude, als mein Enkelkind vom Blaubeer-Haferbrei hochschaute und sagte: »*Nokomis*, sind dies *Minan*?«

Mein Enkelkind wächst in einer Zeit auf, in der Respekt zwischen menschlichen Gesellschaften fadenscheinig geworden ist und es klaffende Löcher im Gewebe des Lebens gibt. Die benötigte Flickarbeit bedarf eines neuen Beziehungsgeflechts zwischen Menschen und unserer erweiterten Verwandtschaft. Jetzt, wo sich die Legende von der menschlichen Sonderstellung als Verblendung herausgestellt hat, sind wir vielleicht in der Lage, auf andere Weisheiten als unsere eigenen zu hören – auf unsere Mitwesen. Um dort hinzugelangen bedarf es vielleicht einer neuen Sprache, die uns hilft, denen, die uns lehren werden, zuzuhören und sie zu ehren. Ich hoffe, mein Enkelkind wird immer um andere Wesen als Quellen der Weisheit und Inspiration wissen, und mehr auf die Bienen hören als auf die Baufahrzeuge.

Begleitende Überlegungen des Verlags

w_orten & meer freut sich sehr, mit dieser Publikation die wichtige aktivistische Indigene Wissensproduktion von Robin Wall Kimmerer erstmals einem deutschsprachigen Publikum vorstellen zu können. Der Band erscheint in der Reihe kleiner Schriften, die inspirierende und empowernde aktivistische Artikel und Essays im kleinen Taschenbuchformat herausbringt – zum unterwegs Lesen, Weitergeben, mit anderen Diskutieren.

Robin Wall Kimmerer bringt in einzigartiger Weise die Schönheit und Notwendigkeit eines Aktivismus zum Ausdruck, der die Verbindung alles Lebendigen umfasst und sie respektvoll achtet und gestaltet. Alles ist lebendig, was nicht von Menschen gemacht ist – das ist die Weltwahrnehmung von Robin Wall Kimmerer und ihrer Indigenen Gemeinschaft der Potawatomi. Diese Konzeptualisierung ist ungewohnt für europäische Menschen, die in *w*eißen Normalvorstellungen sozialisiert worden sind. Sprachen drücken gesellschaftliche Konzeptualisierungen aus und re_produzieren sie auf einer den Sprechenden nur wenig bewussten Ebene. Sprachen wie das Englische und Deutsche differenzieren beispielsweise zentral zwischen Menschen und allem anderen: Während Menschen in der Regel Subjekte von Äußerungen sind, die handeln (durch Verben ausgedrückt), ist alles andere Objekt. Die Grammatiken des Englischen und Deutschen zentrieren und verfestigen diese Objektifizierung von Natur und die Getrenntheit von Mensch und Natur – das alles macht Robin Wall Kimmerer durch den Vergleich mit der Sprache der Potawatomi deutlich. Inspiriert von dieser Sprache wünscht Robin Wall Kimmerer sich auch für das Englische Sprachformen, die Lebendigkeit weit über Menschen hinaus ausdrücken können – und schlägt in dem Essay *Die Grammatik der Lebendigkeit* die Pronomen »ki« und »kin« vor: Mit ihnen kann die Verbundenheit und die Lebendigkeit von Menschen, Bäumen, Bienen, Wind, Bergen und Flüssen ausgedrückt und sprachlich und damit auch konzeptuell hergestellt werden. Diese Pronomen sollen ein Ersatz sein für das englische Pronomen »it«, mit dem alles Nicht-menschliche benannt wird. Durch die vorgeschlagenen neuen Pronomen »ki« und »kin« würde auch im Englischen deutlich werden können, wie speziezistisch, also wie diskriminierend die Höherbewertung von Menschen gegenüber anderen Lebewesen ist. Robin Wall Kimmerer ist hier also sprachlich kreativ diskriminierungskritisch tätig, was uns inspiriert und begeistert.

In ihrer Argumentation stellt Robin Wall Kimmerer dem Pronomen »it« die beiden Pronomen »he« und »she« gegenüber. Wir möchten in Bezug auf eine Kritik an Genderismus und insbesondere der Normsetzung von Zweigenderung ergänzen, dass es im Englischen wie im Deutschen eine Vielzahl diskriminierungskritischer selbstgewählter Pronomen gibt. Diese Pronomen beziehen sich auf Menschen, ohne damit nur zwei Gender aufzurufen oder Gender in der Bezugnahme überhaupt zu betonen. Im Englischen sind das die in trans* und nonbinären Bewegungen gebräuchlichen Pronomen they, ze, per, one, xe und viele weitere. Im Deutschen wären das ens, xier, Y, ex und weitere. Darüber hinaus verwenden einige Menschen das Pronomen »it« oder »es« für sich selbst, um so genderneutral und für sie respektvoll (und dennoch lebendig) angesprochen zu werden. Hier hat »es« oder »it« also eine andere Funktion als Robin Wall Kimmerer in dem Essay betont. Wie Pronomen wirken und wie sie eingelesen werden, hängt also auch immer von der konkreten Situation und der Positionierung der sprechenden Personen in Bezug auf Diskriminierungsformen ab.

Noch zwei weitere Anmerkungen zu Schreibweisen in den Essays: Um in Gruppenbezeichnungen zu verdeutlichen, dass sowohl Menschen aller Gender gemeint sind, als auch Menschen, die sich außerhalb von Genderlogiken bewegen, verwendet der Verlag und diese Übersetzung das Gendersternchen nach dem gedachten Wortstamm (Stud*entinnen). Das Sternchen wird dort gesetzt, um die Handlungsebene des Wortes zu betonen und das herauszustellen, was für den Kontext wichtig ist (Menschen, die studieren). So wird außerdem die Binarität der konventionellen Begriffe aufgebrochen und die konventionell männliche Form bleibt nicht als einzige Form (ganz) stehen. Für ›MissionarInnen‹, die in *Die Grammatik der Lebendigkeit* vorkommen, und die ein binäres Genderverständnis vertreten haben, wird dies durch die Verwendung des Binnen-Is ausgedrückt.

Die Großschreibung von »Indigen« folgt Sherri Mitchell, die in *Aktivismus heißt Verbindung. Indigene Weisungen zur Heilung der Welt* (auch bei w_orten & meer erschienen) die angeeignete und empowernde Selbstbezeichnung »Indigenous« groß schreibt.

Der Verlag ist sehr inspiriert von Robin Wall Kimmerers Wissensproduktion und den kritisch-reflektierenden Anmerkungen zur Primärsetzung von Menschen gegenüber allem anderen, die die Autorin unter anderem über die Verfestigung und Nicht-Reflexion sprachlicher Konventionen herleitet – und in und durch die Essays herausfordert.

Wir wünschen allen eine ebenso große Inspiration beim Lesen und Diskutieren der Essays wie wir sie hatten und haben.

w_orten & meer im Januar 2021

Sherri Mitchell –
Weh'na Ha'mu' Kwasset
(Die das Licht bringt)

Aktivismus heißt Verbindung

Indigene Weisungen zur Heilung der Welt

Aus dem US-amerikanischen
Englisch von Jen Theodor

Aktivismus heißt Verbindung
thematisiert aus postkolonialer Perspektive und aus der Tradition von Indigenem Aktivismus:
Wie bedingen sich Klimakatastrophe und die zunehmenden Konflikte zwischen Menschen gegenseitig?
Warum nimmt Gewalt global eher zu als ab – sowohl zwischen Menschen, zwischen Staaten als auch zwischen Menschen und Natur?

Sherri Mitchell eröffnet mit ihrem visionären, analytischen und bewegenden Buch ganz neue Argumentationen für ein westlich sozialisiertes Publikum, die die Logiken von Schuld und Richtig/Falsch verlassen. Stattdessen wird ein respektvoller und gewaltfreier Ansatz detailliert und konkret vorgestellt.

Die Lektüre kann lebensverändernde und weltrettende Wirkungen auslösen. Das Buch ist in einer klaren Sprache geschrieben: intensiv, konkret und bewegend.

336 Seiten | 13,7 × 20,8 cm | Softcover | 14 € | ISBN 978-3-945644-19-5

w_orten & meer –
Verlag für verbindendes diskriminierungskritisches Handeln

w_orten & meer ist ein non-profit Verlag ~ Bücher und Publikationen sind für uns eine wertschätzende Gestaltung von Welt. Wir verlegen Bücher, die zu intersektionaler Gewalt empowernde Perspektiven eröffnen und neue Ausdrucksweisen anbieten.

Der Verlag arbeitet sozial und ökologisch nachhaltig: bei der Herstellung und dem Transport der Bücher, beim Einrichten und Unterhalten des Büros und auf der Ebene der Bezahlung von Menschen, die an den verschiedenen Produktionsschritten für ein Buch beteiligt sind.

Weitere Informationen zu unserer Arbeitsweise sowie unser Gesamtprogramm finden sich auf unserer Webseite:

www.wortenundmeer.net